节日

洋洋兔 编绘

泰山出版社 · 济南 ·

图书在版编目（CIP）数据

节日 / 洋洋兔编绘. -- 济南 : 泰山出版社，
2020.12
（漫游中国系列）
ISBN 978-7-5519-0177-2

Ⅰ. ①节… Ⅱ. ①李… ②洋… Ⅲ. ①节日－风俗习
惯－中国－儿童读物 Ⅳ. ① K892.1-49

中国版本图书馆 CIP 数据核字（2020）第 220366 号

责任编辑 池 骋
装帧设计 洋洋兔

JIERI
节 日

出版发行： 泰山出版社
社　　址：济南市泺源大街 2 号　邮编：250014
电　　话：综 合 部（0531）82023579　82022566
　　　　　市场营销部（0531）82025510　82020455
网　　址：www.tscbs.com
电子信箱：tscbs@sohu.com
印　　刷： 朗翔印刷（天津）有限公司
开　　本： 190mm×210mm　24 开
印　　张： 1.5
字　　数： 80 千字
版　　次： 2021 年 1 月第 1 版
印　　次： 2021 年 1 月第 1 次印刷
标准书号： ISBN 978-7-5519-0177-2
定　　价： 20.00 元

目录

鞭炮？龙灯？粽子？元宵？原来中国的传统节日里有这么多“好吃”又“好玩”的东西啊！
当然啦！走吧，我现在就带你去亲身体验一番。

浓情中国节

小朋友，你喜欢过节日吗？热热闹闹的春节，可以吃饺子、放鞭炮；元宵节，吃元宵、耍龙灯；清明节，踏青、插柳、放风筝；端午节，吃粽子、赛龙舟……

我们中国的传统节日，似乎都是和美味的食物、有趣的民俗联系在一起。虽然现在很多民俗已经被简化了，但不变的是浓浓的节日气息，以及人们对传统文化的尊重。

数一数，从正月到腊月都有哪些传统节日呢？想不起来的话，就与灿烂熊和阿朵朵一起，去亲身体验一番吧！

春节

正月初一

新年到，穿新衣，戴新帽，包饺子，蒸年糕，打灯笼，放鞭炮。

春节是中国最隆重的传统节日，俗称“过年”。严格意义上来讲，春节指的是农历的岁首——正月初一这一天，而按民间传统来讲，从腊月二十三小年开始，一直到过完正月十五元宵节，这期间都可以叫作春节。

诗

元日

〔宋〕王安石

爆竹声中一岁除，
春风送暖入屠苏。
千门万户曈曈日，
总把新桃换旧符。

“过年”是怎么来的呢？传说很久以前，有一只叫“年”的怪兽，每到腊月三十就会袭击村寨，到村子里吃人。所以每到这一天，人们把全家人聚集起来，躲进深山，一起过“年”关。后来，人们发现“年”有三怕：怕红色、怕火光和怕炸响。于是每逢腊月三十，家家挂红灯笼，贴红对联，燃放爆竹，把“年”吓走。

所以每到这一天，家家户户烛火通明，守更待岁，这些习俗也代代相传。

过年时，有一项重要的习俗——拜年！古时候同辈拜年叫“贺年”，晚辈向长辈跪拜磕头叫“拜年”，长辈还要给晚辈压岁钱。从初一到初五拜年，过了初五走亲访友，称为“拜晚年”，不是有句话叫“有心拜年，十五不晚”吗？

元宵节

正月十五

“春到人间人似玉，灯烧月下月如银”，这句诗出自明代大才子唐伯虎的《元宵》。如果灯、月、春、人都凑到一起，便迎来了整个春节隆重的结尾——元宵节，又称为“上元节”。

花灯图

在古代，正月是农历的元月，夜晚称为“宵”，正月十五又是一年中第一个月圆之夜，汉文帝就将这一天定为“元宵节”。

正月十五闹元宵。闹元宵的活动里，最大的特色是闹花灯。元宵节晚上张灯、赏灯的历史可是不短了。东汉时，佛教传入中国，汉明帝为弘扬佛法，下令正月十五晚在皇宫和寺院点灯敬佛，百姓在民间挂灯，有关“灯”的活动就此流传开来。除了燃灯，大家还会聚在一起猜灯谜。猜灯谜是从南宋兴起的，人们把写好谜语的字条贴在花灯上，猜中的人可以获得小奖励。

谜底在页尾

小朋友不要忘了，元宵节还要吃汤圆哦！软软的糯米粉里加上果馅，咬一口倍感幸福。汤圆源于宋代，最早叫浮元子。这种传统美食南北有别，南方包的叫“汤圆”，北方滚的叫“元宵”。虽然做法和叫法不一样，但其中都饱含了人们对节日的祝福。

谜底：萤火虫

春龙节

二月初二

春龙节，又叫春耕节。民间传说“二月初一龙睁眼，二月初二龙抬头，二月初三龙出汗”，传说二月初二，龙王在沉睡中苏醒后要抬头升天，兴云布雨了！古人认为龙是鳞虫之长，百虫之神。春天到了，冬眠的虫子复苏出土，龙来了，百虫就躲起来，庄稼就不会被虫子侵害，最后才能丰收呀。人们抱着这样的愿望，在这一天剪头发，祭龙王，炒糖豆，吃春饼，“龙抬头”便由此成为节日。

关于春龙节，还有一个神话传说呢！相传，唐朝时，武则天当了皇帝。天上的玉帝很生气，认为女人做皇帝，分明是颠倒乾坤，便下旨命令四海龙王三年不得降雨。但是，龙王不忍心百姓受难，便在二月二偷偷地下了场雨。玉帝知道后大怒，降罪于龙王，把他压在一座大山下，还立了块碑，碑上写着：龙王降雨犯天规，当受人间千秋罪。要想重登灵霄阁，除非金豆开花时。

百姓得知后，非常焦急，猛然间想起那金灿灿的黄豆就像金豆一样。于是，百姓纷纷在家把黄豆炒开了花，设案焚香，供上这“开花的金豆”。玉帝看到家家户户都有了开花的金豆，只好把龙王放了出来。后来人们就在这一天爆玉米花、炒黄豆来纪念龙王脱困。

诗

二月二日

〔唐〕白居易

二月二日新雨晴，
草芽菜甲一时生。
轻衫细马春年少，
十字津头一字行。

炒黄豆

清明节

4月4日、5日或6日

清明节，又叫“踏青节”，既是春日节气，也是传统节日。不过，想要了解它，得先认识寒食节。

寒食节来源于“子推绵山焚身”的故事。相传春秋时期，重耳流亡列国，快要饿晕的时候，随臣介子推割股（大腿）肉给重耳充饥。

诗

清明

〔唐〕杜牧

清明时节雨纷纷，
路上行人欲断魂。
借问酒家何处有？
牧童遥指杏花村。

十九年后，重耳回国做了君主，就是著名的春秋五霸之一晋文公。介子推不求回报和利禄，归隐绵山。晋文公为求他出山，焚烧绵山，最终介子推抱树而死。为纪念介子推，晋文公将放火烧山的那天定为禁火吃冷食的寒食节。

因为我国古人非常重视祭祀祖先，所以寒食节的习俗除了禁火吃冷食之外，还有祭扫坟墓。由于清明距离寒食节很近，人们常常把扫墓延至清明，唐朝将清明定为正式节日，直到宋元时期，寒食与清明逐渐合二为一。到了现在，好多人只知清明节，不知寒食节了。

但清明节的活动也不只有扫墓，人们还会展开一系列的户外活动，比如插柳、戴柳。插柳既为了纪念教导百姓耕种的神农氏，也为了辟邪和感受春天的生命力。此外，还有打马球、荡秋千、放风筝等多姿多彩的户外活动。人们为什么会在清明节参加这么多户外活动呢？相传是为了防止寒食节的寒食冷餐伤身，让大家锻炼身体。

上巳（sì）节

三月初三

中原地区有句俗话：“二月二，龙抬头；三月三，生轩辕。”相传，农历三月初三是黄帝的诞辰，是一个纪念黄帝的日子，也是不为我们熟知的上巳节。

汉代时，上巳日成为正式的节日，人们在明媚的春日，来到河边举行仪式，用草药沐浴，以求消除灾祸。后来，上巳节逐渐成为一个水边饮宴、郊外游春的节日。

魏晋时的临水宴饮最为有趣，因为曲水流觞（shāng）的出现。“觞”是酒杯，大家列坐在环曲的水边，把盛了酒的酒杯放到水里。酒杯顺水漂流，停在谁的面前，谁就要将杯中酒一饮而尽，并作诗一首，作不出来的要罚酒三杯。我国历史上最著名的“曲水流觞”，莫过于王羲之与友人的兰亭集会

了。永和九年（公元 353 年），王羲之和他的朋友在兰亭聚会，在水边举行消灾祈福的活动。大家饮酒赋诗，王羲之趁着兴致，写下了被后人誉为“天下第一行书”的《兰亭集序》，一时成为美谈，流传于世。

诗

三月三日

（唐）白居易

暮春风景初三日，
流世光阴半百年。
欲作闲游无好伴，
半江惆怅却回船。

端午节

五月初五

农历五月初五，过端午。“端”有“初始”的意思，“端五”就是“初五”。端午节的别称最多，多达二十几个，比如端阳节、重五节、龙舟节、午日节、五月节等。

我们都知道，端午节是为了纪念屈原而来的。相传，在战国时期，楚国大臣屈原主张改革内政、联齐抗秦，他不仅遭到贵族的反对，还受小人离间，被革去职位并流放。公元前 278 年，秦军攻破楚国都城，屈原心痛自己的祖国，最终投汨（mì）罗江而死。

当地百姓听说后，马上划船捞救，却始终找不到屈原。百姓怕江河里的鱼虾吃掉屈原的身体，就将米团投入江中。后来每逢此时，人们为纪念屈原都往江中投米团等食物，由此形成了吃粽子的习俗。人们荡舟江河的活动逐步发展为赛龙舟。

除了赛龙舟和吃粽子，端午节还有挂艾草和菖蒲 (chāng pú) 的习俗。端午是入夏后的第一个节日，这段时间正是疾病多发的时期，古人会用艾草、菖蒲等草药来防蚊、驱病。大人用雄黄酒在小孩的额头画“王”字，一来驱毒，二来借猛虎额头的“王”字驱邪。或者让孩子戴上五色丝线或装有药材的香包，驱虫防疫，以保安康。

七夕节

七月初七

农历七月初七是七夕节。这一天正值夏秋之际，大多夜凉如水，繁星满天，是我国传统节日中最浪漫的节日。为什么这样说呢？因为它源于美丽的神话传说——牛郎织女的爱情故事。

相传，王母娘娘的外孙女——织女有一双巧手，可以织出五彩缤纷的云朵。她违反天规偷下人间，和一个人间的放牛郎结成了夫妻，并生下一儿一女。谁知，这件事被王母娘娘知道了，她大发雷霆，派天兵把织女抓回天宫。牛郎挑着装了儿女的箩筐追到天上。王母娘娘看到牛郎追来，便拔下头上的金钗，在天上划出一条银河。牛郎无法过河，只能与织女遥遥相望。谁知他们的爱情感动了喜鹊。无数喜鹊飞来，用自己的身体搭成了一座仙桥，让牛郎织女在桥上相会。王母娘娘无奈之下，只好允许他们在每年的七月初七于鹊桥相会。

古时候的女子会在这天晚上，摆上时令瓜果，对着夜空中的银河祭拜，乞求织女赋予她们聪慧的心灵和灵巧的双手，让自己的女红技法娴熟，所以农历七月初七又叫“乞巧节”。

诗

乞巧

〔唐〕林杰

七夕今宵看碧霄，
牵牛织女渡河桥。
家家乞巧望秋月，
穿尽红丝几万条。

中秋节

八月十五

农历八月十五是一年秋季的中期，所以被称为“中秋”。

关于中秋节的来历，民间有很多神话传说，比如吴刚折桂和玉兔捣药。但流传最广最美的传说，还要数嫦娥奔月。相传，后羿射日有功，西王母为了答谢他，赐给他一颗长生不老药。一天，后羿外出打猎，他的部下逄蒙（páng méng）想抢走长生不老药，后羿的妻子嫦娥为了不让药丸落入贼人手中，只能自己吞下了药丸，向着月亮上寒冷的月宫飞去。从此，嫦娥只能与月亮上的桂花树和玉兔相伴，再也不能和丈夫相见了。后来，人们在中秋之夜举头望月时，都会想起嫦娥和后羿的这段爱情故事。

中秋节夜晚的月亮又大又圆，一直是人们寄托思念之情的象征。所以中秋这天是全家团圆的日子，远方的游子要回家和家人团聚，一起赏月、祭月、吃月饼、赏桂花、饮桂花酒。

诗

中秋登楼望月

〔宋〕米芾

目穷淮海满如银，
万道虹光育蚌珍。
天上若无修月户，
桂枝撑损向西轮。

食

重阳节

九月初九

农历九月初九是重阳节。关于它的由来，有个鲜为人知的故事。

传说东汉有一个叫桓 (huán) 景的人，他的家乡出现了一只瘟魔，许多百姓得了瘟疫，桓景的父母也因此丧命。于是桓景到东南山拜费长房为师，学习除魔的武艺。当九月初九瘟魔又来人间作恶的时候，费长房给了他一包茱萸 (zhū yú) 叶和一瓶菊花酒，让他回家乡除恶。

桓景把辟邪用的茱萸叶分给乡民，又让他们每人喝了一口预防瘟疫的菊花酒，然后让他们逃到高山上躲避瘟魔，他自己则留下与瘟魔搏斗，最后终于用师父送他的宝剑杀死了瘟魔。后来，在九月初九佩戴茱萸、喝菊花酒和登高成为重阳节必不可少的活动。

过重阳节，人们还要吃一种传统食品——重阳糕。这是为什么呢？据说在没有山的地方没法登高，有人由登高想到了吃糕，用吃糕代替登高，寓意“步步高升”。因为这糕要在重阳吃，就被命名为“重阳糕”了。

食

诗

九月九日忆山东兄弟

（唐）王维

独在异乡为异客，
每逢佳节倍思亲。
遥知兄弟登高处，
遍插茱萸少一人。

腊八节

腊月初八

农历十二月初八是我国的传统节日——腊八节。腊八节的历史非常悠久，起源于远古时代祭祀祖先和神灵、祈求丰收和吉祥的仪式。南北朝时，汉族人在腊八这天举办大型的狩猎活动，用打到的动物来供奉祖先和神明，祈求来年风调雨顺、不愁吃穿，腊八节由此确定下来。

腊八节有喝腊八粥、泡腊八蒜的习俗。喝腊八粥的由来，得从一段佛教传说讲起。

牧羊女

相传，佛祖释迦牟尼本是古印度的一位王子，在顿悟成佛前苦苦修行了多年。一次，他因饥饿劳累晕倒在了河边，正巧被一位牧羊女发现了。牧羊女把王子救起，还用五谷杂粮加牛乳熬成粥给他吃。王子得救后，觉得这粥香甜可口，吃完后神清气爽。然后，他盘坐在菩提树下，沉思了七天七夜，顿悟成佛，这一天正是腊月初八。佛门弟子为了纪念这个日子，就在每年腊八这天煮粥布施。

那腊八蒜又是怎么回事呢？原来，在古代，生意人会在腊八这天计算一年的收支，这个习俗被称为“腊八算”。有句老话说的是“腊八粥、腊八蒜，放账的送信儿，欠债的还钱”，腊八蒜就是这么来的。

祭灶节

腊月廿三

祭灶节是老百姓祭灶神的日子，也叫“小年”，被老百姓视为过年的开端。

在古代，几乎家家户户都在灶壁神龛（kān）里摆上灶王爷的神位。没有灶王龛的人家，就把灶王爷的神像贴在墙上。神像边上还会贴上对联，一般写“上天言好事，下界保平安”。如果是皇帝祭灶，下联就写“回宫降吉祥”。

那为什么要在小年这天祭灶呢？传说，玉皇大帝在每家派驻了一位“监督员”——灶王爷，来考察这一家一年的所作所为。到了腊月二十三日这一天，灶王爷上天向玉皇大帝汇报这一家人的善恶。玉皇大帝会根据汇报来决定对这家的奖罚，到了第二年灶王爷再回来继续监督。这一天，实际是各家欢送灶神上天的节日。人们在灶台上摆满糖果，还要把烤化了的糖涂在灶王爷的嘴上，希望灶王爷在玉帝面前多说点好话。等到了大年三十的晚上，灶王爷还要和其他神仙来人间过年，那天人们还得举行“接神”仪式。

送走了灶王爷，春节也就不远了，人们扫房、剃头、贴窗花，忙忙叨叨地准备过年。

除夕

腊月三十

除夕是一年的最后一天的晚上，也被称为“大年夜”。农历的十二月一般有三十天，所以除夕也叫“大年三十”。每到这时候，一家人就会聚在一起，吃吃年夜饭，放放鞭炮，守岁到天明，其乐融融地迎接新年。

回家过年

人们是从什么时候开始过除夕的呢？那得追溯到秦朝之前了。传说，那时的人们会在腊月三十驱逐怪兽“夕”。每年腊月三十晚上，“夕”都要到村庄找吃的，还总是搞破坏，大家都很害怕它。后来，有个生活在竹林里的小孩告诉村民，“夕”很怕红色和炸响，只要大家在门上挂一块红布。等“夕”一来，就把碎竹节扔进火里烧，便能吓跑它。村民们用了小孩的办法，果然把“夕”吓跑了，所以每年的这个时候，大家为了防止“夕”再来捣乱，就把“除夕”的习俗传承了下来。“除夕”的名称也是这样来的。

除夕从吃年夜饭开始。年夜饭也叫“合家欢”，是一家人一年中最重要的一顿晚饭，寓意团圆、美满。最后还有除夕夜最重要的活动——守岁。一家人通宵不睡，熬夜迎接新的一年来临。

包饺子

花朝节和天贶(kuàng)节

中国传统节日多姿多彩，是中华民族悠久历史文化的重要组成部分，清晰地记录着古人的社会文化生活。然而，随着时代的变迁，很多节日没有流传下来，或只保留在局部地区，或很少人知道，只待我们贝海拾遗。

花朝节

花朝节是纪念百花生日的节日，又叫“花神节”“百花生日”，流行于东北、华北、华东、中南等地，一般在农历二月

初二、二月十二或二月十五。节日期间，人们结伴到郊外游览赏花，姑娘们把剪好的五色彩纸贴在花枝上，叫“赏红”；还会拜花神，吃花糕，行花令，祈求自己像花一样美丽且有朝气。

天贶节

农历六月初六是天贶节，起源于宋真宗赵恒。一年的六月六日，赵恒声称上天赐给他一本天书，于是将这天定为天贶节，还在泰山脚下的岱庙建了一座天贶殿。

六月六日也是“翻经节”。传说唐僧从西天取经回来，不慎将经书掉到水中，六月六日将书捞起来晒干了，才保存下来。后来，皇宫里在这天为皇帝晒龙袍。这一做法传到民间，百姓这天在大门前晒衣服，称为“六月六晒红绿”。

少数民族的传统节日

泼水节

傣族的泼水节是我国云南少数民族节日中参加人数最多的节日，也是傣族人心中最重要的节日。泼水节一般在傣历的六月中旬，也就是公历的四月中旬举行。这段时间，不管男女老少，大家都会走出家门，用清水互相泼洒，意在洗去一年的污秽和不顺，以崭新的面貌迎接新的一年。

火把节

每年的农历六月二十四，中国西南地区彝族等少数民族就会过火把节。节日当天，人们围绕在一堆巨大的篝火旁尽情狂欢，举办斗牛、赛马、摔跤、歌舞表演等活动，哪怕夜深了，大家都不舍得回去，一直庆祝到天亮。

那达慕

每年农历六月初四，在内蒙古自治区也有一个非常盛大的少数民族传统节日——那达慕。在蒙古语中，“那达慕”有“娱乐、游戏”的意思。所以，这其实是蒙古族为了庆祝丰收而举办的“竞技大会”。摔跤、赛马、射箭和套马都是大会上缺一不可的项目。

各种各样的现代节日

中国传统节日一般是依照农历制定的，是我国流传千百年的节日，节日期间我们可以和家人团聚，参加民俗活动、吃节令食物，享受美好的假期。现在我们还会过很多近现代以来确定的节日，它们大多是依照公历制定的，比如五四

国际妇女节
3月8日

元旦
1月1日

中国植树节
3月12日

青年节、十一国庆节等。还有一些国际性节日，比如三八国际妇女节、五一国际劳动节、六一国际儿童节等。这些节日一直丰富着我们的生活。